Mein Leben im Frauenhaus

AF726907

Filomena De Luca

FSC
www.fsc.org
MIX
Papier aus verantwortungsvollen Quellen
Paper from responsible sources
FSC® C105338

Auflage 1 /April 2017
Assira- Verlag Offenbach
Coverbild: 123rf, pixelery
Covergestaltung: Andrea Mohamed Hamroune
Herstellung und Verlag:
BoD- Books on Demond, Norderstedt
ISBN 978-3-7322-9200-4

Vorwort

Ich habe sehr lange überlegt, ob ich davon erzählen sollte, oder ob ich es lieber sein lasse. Dann dachte ich mir, es wäre mal an der Zeit, dass jemand, der wirklich im Frauenhaus war, darüber berichtet. Hilfe ist wichtig für eine Frau, die Gewalt erlebt hat. Auch, wenn es zunächst schwer erscheint. Viele Frauen trauen sich nicht Hilfe zu holen. Die Angst und die Panik fressen die Frauen Stück für Stück auf. Ich selber wurde Opfer häuslicher Gewalt, deswegen weiß ich, wovon ich spreche. Glaubt mir, es ist wichtig sich zu öffnen und sich der Angst zu stellen. Nicht jede Frau hat den Mut abzuhauen. Lieber lassen die Frauen sich schlagen. Das ist falsch. Jeder Mensch hat das Recht frei zu leben. Holt Euch Hilfe.
An alle Frauen da draußen!
Holt Euch Hilfe.
Stellt Euch der Angst.
Kämpft für Euch und Eure Kinder.
Ich lege es Euch nur zu Herzen. Ich habe es geschafft, mir Hilfe zu holen und ich bin mir sicher: Ihr schafft es auch.

Mein Leben im Frauenhaus

Als ich das erste Mal häusliche Gewalt erlebte, war ich 21 Jahre alt. Das war im Jahr 2007. Jetzt fragt man sich bestimmt, wie es dazu kommen konnte, dass ich so jung schon ins Frauenhaus gehen musste.

Nun, im Jahr 2004 lernte ich einen jungen Mann kennen, der etwas älter war als ich. Ich kam mir sehr jung vor, da ich erst 18 Jahre alt war. Aber ich dachte mir, es würde schon gehen. Einige Monate später kam ich auf dumme Gedanken und wollte diesen Mann heiraten. Ich fühlte mich schon reif und hatte einen Traum, wovon alle kleinen Mädchen träumen. Ich war zwar kein Kind mehr, aber ich hatte den Wunsch, wie eine Prinzessin zu heiraten. Ganz in weiß, überall weiße Perlen und eine schönen Traumkutsche mit weißen Pferden. Die weißen Pferde dürften nicht fehlen. Ich wollte immer in einem Schloss heiraten, mit ganz viel Lichtern, mit großen, runden Tischen und Kerzen. Alles, was zu einem Schloss gehört. Ich wusste, dass es nur ein Traum war. Alle Mädchen und Kinder träumen davon.

Einige Monate später hatte ich alles so in Aussicht. Ich heiratete tatsächlich wie eine Prinzessin. Leider passiert etwas, was ich keiner Frau wünsche. Mein Man veränderte sich. Er war nicht mehr der Mann, den ich geheiratet hatte. Immer, wenn ich mit ihm unterwegs war, z.B. bei seiner Familie, dann war er ein Traummann. Er machte alles für mich. Sobald wir aber wieder zu Hause waren, wurde er ein Anderer. Es kam mir vor, als wäre er ein Monster aus einem Horrorfilm. Er behandelte mich sehr schlecht und kommandierte mich rum. Ich fühlte mich wie in dem Film von Aschenputtel. Ich musste den Boden auf Knien sauber schrubben und ich musste kochen, wann er es wollte. Am Ende hatte ich keine Kraft mehr, etwas für mich zu machen. Wenn ich nicht machte, was er wollte, schlug er mich blau. Leider hatte ich nie den Mut und die Kraft abzuhauen. Die Angst und die Panik in mir war viel zu groß, um es alleine zu überstehen. Ich verließ die Wohnung nur noch sehr selten, sodass die Nachbarn sich fragten, wo ich denn geblieben wäre.

Ich wusste selber, dass es so nicht weiter gehen konnte. Ich wollte nicht

mehr mit so einem Monster zusammen leben. Aber um abzuhauen, hatte ich zu viel Angst. Ich dachte darüber nach, als ich mein Bett machte. Wie konnte das nur so sein? Er war nicht so, als ich ihn kennengelernt hatte. Könnte es sein, dass er eine Krankheit hatte, dass er so wurde? Nachdem ich ihn geheiratet hatte, behandelte er mich wie sein Eigentum. Ob er mich besitzen wollte?
Ich gehöre niemanden außer mir selbst. Es war für mich einfach ein No-go, wie er mich behandelte. Ich fühlte mich wie die Prinzessin auf der Erbse. Was war mit mir?
Warum wurde ich so behandelt?
Tag für Tag kam mir immer mehr der Gedanke, der Besitz meines Mannes zu sein. Ich suchte immer mehr Schutz vor diesem Menschen. Er war in meinen Augen gar kein Mensch. Er war ein Monster. Ich konnte und wollte nicht mehr in dieser Situation leben, in der ich mich befand. An einem Tag, als ich mich entschloss abzuhauen, hatte ich die Möglichkeit mir am PC Hilfe zu holen. Als ich am PC war, wusste ich nicht, was ich eintippen sollte. Ich tippte „Frauen in Not“. Ich stieß dabei auf die Frauenberatungsstelle in Fulda. Schon auf dem Link sah ich die Nummer. Ich schaute die Nummer eine Weile an und überlegte: „Soll ich anrufen oder es lieber lassen?“
Es dauerte etwas bis ich mich tatsächlich entschließen konnte die Nummer zu wählen. Ein freundliche Frauenstimme meldete sich mit: „Frauenberatungsstelle Fulda. Wie kann ich Ihnen helfen?“
Ich bekam kein Ton heraus. Als die Frau merkte, dass ich nicht antwortete, legte sie, ohne ein Wort zu sagen, auf. Ich sah in den Schlafzimmerspiegel und fragte mich: „Warum ist es so schwer für mich, Hilfe zu holen? Warum lass ich mir das alles gefallen?“
Ich hatte Angst vor der Flucht. Ich hatte Angst vor der Trennung. Ich hatte Angst alleine da zu stehen und ich war sehr unsicher. Was sollte nur aus meinem Leben werden?
Das Einzige, was ich wusste, war, dass ich weg wollte. Es könnte sein, ich würde sonst eines Tages nicht mehr leben. Ich hatte zu keinem Menschen Vertrauen, um über meine Probleme zu sprechen. Ich wollte meine

Probleme selber meistern. Meine Angst war, dass, wenn ich mit jemandem rede, sie sofort die 110 rufen würden. Das wollte ich nicht.
Ich versuchte daher weiterzumachen. Es war leider die falsche Entscheidung. Einige Monate später wurde ich von meinem damaligen Lebenspartner so zugerichtet, dass ich überall blaue Flecke hatte. Mein Körper war von Kopf bis Fuß mit blauen Flecken übersät. Es war so schlimm, dass ich die Wohnung nicht mehr verlassen konnte, nachdem er mich zusammengeschlagen hatte. Ich musste mir etwas einfallen lassen. Ich wollte abhauen, ohne dass die Nachbarn es mitbekamen.
An dem Tag, an dem ich abhaute, war es sehr heiß und daher konnte ich mir keine Jacke und Mütze anziehen. Meine letzte Möglichkeit war meine beste Freundin anzurufen, denn nur sie konnte mir jetzt noch helfen. Ich rief sie sogleich an. Meine Freundin konnte noch nicht mal Hallo sagen, so schoss es aus mir heraus: „Hol mich bitte hier raus. Ich kann nicht mehr. Er bringt mich um. Ich habe eine Platzwunde am Kopf."
Sie wusste sofort, sie musste mich rausholen.
Sie fragte: „Ist er weg?"
Ich erwiderte: „Ja!"
Sie zögerte nicht und sagte: „Leg auf. Ich bin gleich da!"
Keine zehn Minuten später stand meine Freundin vor meiner Haustür. Ich ließ sie rein. Als sie die Haustür hinter sich zu machte und mich sah, bekam sie einen Schock. „Oh mein Gott. Was er mit Dir gemacht? Du blutest ja am Kopf. Ich versorge Dir die Wunde und dann packst Du ein paar Sachen zusammen. Ich fahre Dich ins Frauenhaus. Raus aus Mühlheim. Ich fahre Dich nach Fulda."
Eine halbe Stunde später nahmen wir meine Sachen und fuhren nach Fulda zur Beratungsstelle. Ich sah meine Freundin im Auto an und dachte: „Ohne ihre Hilfe, hätte ich es nie geschafft abzuhauen."
Nach ca. zwei Stunden Autofahrt kamen wir in Fulda an. Ich fühlte mich sehr unwohl und mir tat alles weh. Von Kopf bis Fuß. Ich war vorher noch nie in Fulda. Fulda hat ungefähr 64.000 Einwohner, obwohl es eine kleine Stadt ist. Als ich aus dem Auto ausstieg, sah ich den großen Dom von Fulda. So etwas Schönes hatte ich bisher nur im Märchen gesehen. Es war

wunderschön. Als wir eine kleine altmodische Straße herunter liefen, kamen wir auf ein altes, kleines Haus zu. Meine Freundin blieb davor stehen und sagte: „Jetzt sind wir da. Hier wird man Dir auf jeden Fall helfen. Das kannst Du mir glauben."

Ich hatte ein sehr schlechtes Gewissen. Ich wusste nicht, ob ich das Richtige getan hatte, mir einfach von fremden Menschen Hilfe zu holen. Ich konnte diesen Leuten doch nicht erzählen, dass ich zu Hause zusammengeschlagen wurde. Wie würde so etwas rüber kommen? Ich sah meine Freundin an und sagte: „Ich kann das nicht."

Ich lief den steinigen Weg, der nach oben ging, runter, ohne ein weiteres Wort mit meiner Freundin zu reden. Ich sah meiner Freundin ihrem Gesicht an, dass sie unter Schock stand. Total geschockt rannte sie mir hinterher. Sie sagte: „Wir haben es jetzt bis hier geschafft und jetzt willst Du wieder zurück?"

Sie nahm einen Spiegel aus ihrer modischen Gucci-Tasche heraus und sagte: „Schau Dich mal an, verdammt noch mal. Warum lässt Du das zu? Wo ist die Frau, die ich vor Jahren kennengelernt habe?"

Ich bekam kein einziges Wort heraus. Ich hatte es geschafft von meinem Mann abzuhauen. Was wollte ich denn jetzt noch? Ich war Stunden entfernt von dem Menschen, der mich fast tot geschlagen hatte. Ich hatte es geschafft, mir Hilfe zu holen. Meine Füße waren wie versteinert. Ich konnte meine Füße nicht mehr von der Stelle bewegen. Ich wollte mir Hilfe holen, aber meine Angst war zu groß, um alles alleine zu schaffen. Daher lief ich einfach an der Beratungsstelle vorbei, ohne ein Wort zu sagen. Mir tat meine Freundin so leid, weil sie alles mitmachen musste. Ich wusste aber, sie würde mich niemals im Stich lassen. Ich bekam nicht mal mit, dass wir schon stundenlang durch Fulda liefen. Meine Freundin ging hinter mir her und redete auf mich so ein, dass ich nur die Hälfte mitbekam, von dem, was sie sagte. Ich wollte keine Hilfe. Ich wollte mir selber helfen. Ich hatte schon so viel im Leben geschafft. Jetzt wusste ich, dass ich ohne Hilfe nicht mehr zurecht kam. Ich war in Lebensgefahr bei meinen Lebenspartner, würde ich noch weiter mit ihm zusammen leben. Ich brauchte jetzt die Hilfe von Fachleuten. Es gab keine andere Lösung.

Nach Stunden kamen wir nass wie die Pudel wieder an der Beratungsstelle an. Meine Freundin war sprachlos nach stundenlangem Rumgerenne wieder an der gleichen Stelle zu landen. Wir hatten nur noch zwanzig Minuten und die Beratungsstelle würde schließen. Meine Freundin fragte mich: „Was möchtest du jetzt tun? Willst Du zurück zu Deinem Mann, der Dich fast tot geschlagen hat?"
Ich schaute sie an und wusste, es war Zeit nachzugeben. Bevor ich irgendwann sterbe durch seine Schläge. Ich wusste, wenn ich jetzt zurück gehe, wäre mein Leben bald vorbei. Ich konnte nicht viel sagen, denn ich hatte keine andere Wahl mehr. Meine Freundin nahm mich fest in den Arm und sagte: „Wir schaffen das, glaub mir. Das ist kein Leben, das Du führst."
Als wir den steinigen Weg wieder hoch liefen, kam uns eine Frau mittleren Alters entgegen. Sie schaute mich an und sagte: „Sie brauchen Hilfe. Was haben Sie am Kopf gemacht?"
Ich schaute sie an und brachte kein Wort heraus.
Meine Freundin sagte: „Ihr Mann hat sie geschlagen!"
Die Frau machte das zunächst sprachlos, dann sagte sie: „Sie brauchen in jedem Fall Hilfe, bevor Ihnen noch etwas passiert. Kommen Sie mit in die Beratungsstelle. Da werden wir alles in Ruhe besprechen."
Ich war mir nicht sicher, ob ich die Hilfe annehmen sollte, oder es besser wäre zurück zu fahren. Ich hatte sehr große Angst vor meinem Mann. Ich schaute hilflos meine Freundin an. Sie nickte mir zu, um mir Mut zu machen, die angebotene Hilfe anzunehmen.
Meine Freundin sagte: „Geh bitte mit. Es ist kein Spaß mehr. Du weißt, wenn Du zurück gehst, wird er Dich umbringen. Das weißt Du genauso wie ich. Bitte lass Dir helfen."
Ich wusste, dass es das Ende war. Ich konnte mir nicht alleine helfen und brauchte Hilfe. So langsam spielte ich mit dem Feuer und ich wollte mir nicht meine Finger verbrennen. Ich war mir zu wertvoll. Meine Freundin und ich gingen zur Beratungsstelle. Der Weg dahin kam mir sehr lang vor, obwohl wir nur ein paar Meter zu laufen hatten.
Bei jedem Schritt, den ich ging, stieg die Angst in mir. Bei jedem Schritt hörte ich in Gedanken meinen Mann sagen: „Wehe, Du haust ab. Dann bist

Du eine tote Frau. Glaub mir, Du bist nichts und Du wirst nichts.“
Als wir an der Beratungsstelle ankamen, sah ich eine sehr altmodische Tür. Die Tür sah komisch aus. Es sah so aus, als wäre sie direkt in die Wand eingebaut worden. Die Tür war auch viel zu tief im Boden. Ich dachte, ich wäre im 7- Zwergenland gelandet. Es war alles sehr merkwürdig für mich. Aber ich wollte mir helfen lassen. Als die Sozialarbeiterin die Tür aufschloss, sah ich eine sehr altmodische Treppe, die nach unten ging. Ich fasste mich an den Kopf, denn ich befürchtete, hier wäre etwas faul. Meine Freundin hingegen war ganz entspannt. Ich dachte: „So wirklich zufällig ist das hier nicht alles. Erst die Frau, die sich als Sozialarbeiterin vorstellte, dann diese altmodische Tür, die in die Wand eingebaut wurde, die in die Tiefe ging.“
Ich fand das alles sehr merkwürdig und dachte, ich wäre im falschen Film. Ich bekam Angst und mein Herz klopfte mir bis zum Hals. Ich wusste nicht, ob es richtig war, diese Hilfe wirklich zu wollen. Als wir nach vielen Treppen vor einer großen brauen Holztür ankamen, dachte ich mir: „Was soll das denn?“
Die Sozialarbeiterin merkte, dass ich sehr genervt war.
Sie sagte: „Wir sind jetzt da.“
Als sie die Tür aufschloss, kamen wir in eine 3-Zimmer-Wohnung. Es waren aber keine Schlafzimmer, Kinderzimmer oder Wohnzimmer. Es waren Besprechungsräume für Frauen in Not. Das Gespräch dauerte ca. zwei Stunden. Es kam mir vor, als ob es zehn Stunden waren. Nach etwa zwei Stunden kamen wir auf das Thema Frauenhaus. Die Frau sagte ganz beiläufig: „Nachdem, was Sie mir heute erzählt haben, sind Sie meines Erachtens in Lebensgefahr. Ich rate Ihnen mit ins Frauenhaus zu kommen. So von Jetzt auf Gleich ist es unmöglich eine Lösung zu finden. Ich kann Ihnen nur raten ins Frauenhaus zu gehen. Lassen Sie sich helfen. Heutzutage gibt es sehr wenige Frauen, die es schaffen, sich von ihren Männern zu trennen.“
Ich wusste selber, dass ich ins Frauenhaus gehen musste. Keiner konnte mich jetzt besser beschützen. Ich wusste, würde ich mich anders entscheiden, wäre es mein Todesurteil. Mein Mann machte keine Spaß. Ich

bekam ein paar Papiere, die ich ausfüllen musste. Als ich damit fertig war, erklärte die Sozialarbeiterin mir ein paar Dinge, die ich streng beachten sollte. Ich sollte wissen, dass ein Frauenhaus ein geheimer Ort ist und es auch so bleiben muss. Denn dort suchen Frauen Zuflucht. Auch die Adresse vom Frauenhaus muss geheim bleiben, denn sonst würden die Männer wissen, wo sich die Frauen befinden. Es gibt ein Postfach. Das bedeutet, dass die Post für die Frauen im Frauenhaus, der Beratungsstelle zugestellt wird. Von dort aus wird sie von einer Kollegin ins Frauenhaus gebracht. Die Nutzung von Webcams ist im Frauenhaus untersagt, da Männer sonst die Möglichkeit hätten, die Frau zu finden. Im Frauenhaus in Fulda kommt man nur mit Pin rein. Die Frauen erhalten einen Code beim Einzug. Sobald eine Frau auszieht, wird der Pin geändert. Für alle Frauen.

Die Sozialarbeiterin fragte mich: „Haben Sie alles verstanden, Frau De Luca?"

Ich nickte.

Weiterhin erklärte mir die Sozialarbeiterin: „Der nächste Punkt: Sie bekommen von uns ein Einzelzimmer. In dem Zimmer befindet sich ein Bett, Kissen und Bettbezug. Sie bekommen zwei Handtücher, zwei große Badetücher, Shampoo, Zahnbürste und Zahnpasta. In dem Zimmer ist auch ein Tisch und ein Stuhl. Das Badezimmer werden Sie sich mit vier anderen Frauen teilen. Sie bekommen einen Zimmerschlüssel. Zur Sicherheit haben die Betreuer auch einen Schlüssel. Sie bekommen etwas zu Essen und zwei Flaschen Wasser pro Tag. Ach ja. Die Küche wird auch von allen Frauen benutzt, genau wie das Wohnzimmer. Sie bekommen einen Vorschuss, bis Sie Geld vom Jobcenter erhalten. Das Geld wird auf das Konto vom Frauenhaus überwiesen und wir geben es dann an die Frauen weiter. Dann bekommen Sie Termine, an die Sie sich halten müssen. Einmal pro Woche, am Dienstag, haben wir einen Frauentreff. Da wird unser Putzplan besprochen. Wir sprechen auch über Probleme und Beschwerden an diesem Tag, wenn jemand welche hat."

Ich dachte mir: „Mein Gott. Wie lange will die noch reden?"

Ich bekam schon Kopfschmerzen.

Dann hörte sie auf mit: „Haben Sie alles verstanden, Frau De Luca?"

Mir wurde alles zu viel. Zu viel Informationen und all diese Regeln, an die man sich halten musste. Ich wusste nicht, ob ich mir alle merken konnte. Nur leider hatte ich keine andere Wahl und nickte der Sozialarbeiterin zu. Daraufhin sagte sie: „Gut. Dann können wir jetzt losfahren, wenn Sie bereit sind. Wir können zwar auch zu Fuß gehen, aber das ist zu weit mit den Koffern. Es ist an der Zeit, dass Sie sich von Ihrer Freundin verabschieden bitte.“

Ich schaute meine Freundin an und fing ein bisschen an zu weinen. Wenn ich dachte, was sie so alles für mich getan hatte. Auch ihr Leben war in Gefahr. Meine Freundin merkte, dass ich fast anfing sehr zu weinen. Sie nahm mich in den Arm und sagte: „Wir schaffen das. Okay! Du weißt wie gefährlich Dein Mann ist. Du musst mit, bitte.“

Ich wusste nicht, was ich sagen sollte, nachdem sie so viel für mich getan hatte. Daher sagte ich nur ganz leise: „Danke. Du hast so viel für mich gemacht. Das werde ich niemals vergessen.“

Meine Freundin drückte mich ein letztes Mal und ging.

Erst jetzt wurde mir klar in einer fremden Stadt zu sein, in der ich niemanden kannte. Ich war alleine, ohne Familie, Freunde und Bekannte. Die Sozialarbieterin legte mir leicht ihre Hand auf meine Schulter und sagte: „Glauben Sie mir. Wir schaffen es zusammen. Im Frauenhaus gibt es noch andere Frauen, die auch solche Probleme haben. Sie werden sie noch kennenlernen.“

Wir stiegen ins Auto ein und fuhren ins Frauenhaus. Wir waren eine ganze Zeit unterwegs. Ich sah mir nur den wunderschönen blauen Himmel an. Ich wollte mir den Weg nicht merken. Keine Straßen, keine Kurven, keine Ampeln. Einfach nichts. Etwas später waren wir da. Die Sozialarbeiterin parkte auf einem Parkplatz, auf dem schon viele Autos standen.

Ich dachte: „Das Frauenhaus ist ein geheimer Ort. Gegenüber der Straße müsste das Frauenhaus sein.“

Als die Sozialarbeiterin mir sagte, wo das Frauenhaus war, war es mir wie ein Schlag ins Gesicht. Ich dachte so eine Frauenhaus ist irgendwo versteckt. In einem Dorf oder so, aber doch nicht mitten an ein großen Straße. Ich konnte nur sagen: „Ach ja. Es ist schön, dass wir da sind.“

Als wir aus dem Auto ausstiegen und auf die andere Straßenseite gingen, kamen wir an ein altmodisches Haus. Das Baujahr müsste ungefähr 1980 sein. Die Betreuerin gab den Pin ein und es machte Knack, so als ob etwas gebrochen wäre. Es war aber nur so, weil die Tür sich entriegelte. Als wir eintraten, standen wir vor einer schönen altmodischen Treppe, die wie eine lange Schlange verdreht war. Es waren ungefähr 15 Stufen, die wir noch hochlaufen mussten. Ziemlich viel. Aber ich musste da durch, anders ging es nicht.

Plötzlich standen wir vor einer geschlossen Tür. Die Sozialarbeiterin nahm einen Schlüssel aus der Hosentasche und schloss die Tür auf. Wir kamen in eine kleine Wohngemeinschaft. Es waren aber Büros, so wie ich es sah. Als wir in das Büro eintraten, saß eine ältere Frau am PC und tippte so schnell auf der Tastatur, dass man es nicht überhören konnte. Als ich mich hinsetzte, sah sie mich durch eine merkwürdig geformten Brille an, nahm einen Block und einen Stift und setzte sich mir gegenüber. Sie brachte auch eine Taschentücherbox mit. So, als ob sie schon ahnte, dass ich gleich weinen würde. Sie stellte sich vor und sagte: „Ich heiße Anke und bin die Chefin vom Frauenhaus. Meine Kollegin konnte mir schon etwas erzählen. Ich hoffe, es geht Ihnen soweit gut. Ich brauche von Ihnen nur ein paar Informationen, die für uns sehr wichtig sind. Haben Sie eine Krankheit oder leiden Sie an etwas, was wir wissen müssen?“ Ich schüttelte den Kopf.

„Okay, gut zu wissen“, sagte sie. „Hat Ihnen meine Kollegin gesagt, dass Drogen und Alkohol hier verboten sind?“

Ich sagte: „Nein, davon hat sie mir nichts erzählt. Aber ich rauche nicht und ich trinke auch nicht. Trotzdem. Gut zu wissen. Danke.“

Nach einer Stunde Gespräch wollte ich nur noch ins Bett. Ich war sehr erschöpft von der Reise und dem Rumgelaufe den ganzen Tag. Anke merkte, dass ich sehr müde war. Sie sagte: „Wir machen für heute Schluss. Ich zeig Ihnen jetzt das Zimmer. Wir sehen uns morgen.“

Ich nickte.

Wir gingen ein paar Treppen hoch und kamen in eine chaotische Wohngemeinschaft. Ich bekam einen Schreck und dachte: „Oh mein Gott. Wo bin ich denn hier gelandet?“ Ich hasste es, wenn es so unordentlich

aussah. Überall auf dem Flur lagen Spielsachen herum. Ich musste aufpassen, dass ich nicht darüber stolperte. Die Küche sah aus, als ob da eine Bombe eingeschlagen hätte. Ich sah an Ankes Gesicht, dass sie stinksauer war. Anke rief alle Frauen ins Wohnzimmer zusammen.
Das Wohnzimmer war genauso unordentlich. Als alle Frauen da waren, fing Anke an, zu reden: „Warum sieht es hier, bitte schön, so aus? Ihr kennt die Regeln doch."
Keine der Frauen antwortete.
Anke sagte: „Ich stelle Euch erstmal Eure neue Mitbewohnerin vor. Das ist Mena. Zeigt Ihr bitte alles. Seid so nett. Aber zurück zum Thema: Macht die Wohnung sauber. Aber picobello. Bevor ich nach Hause fahre, komm ich noch mal gucken. Habt Ihr verstanden?"
Sie hörte sich sehr streng an. Aber die Frauen brauchten das. Die Frauen waren eher Mädchen und deutlich jünger als ich. Ich dachte, ich wäre nicht in einer Frauengruppe, sondern in einer Mädchengruppe. Am Ende erfuhr ich, dass es eine gemischte Gruppe war.
Als Anke mir mein Zimmer zeigte, war ich sehr erleichtert. Ich war schon ziemlich müde und wollte ins Bett. Das Zimmer war nicht sehr groß aber okay. Da ich alleine war, störte es mich nicht. Das Zimmer hatte weiße Wände. Ich fand das hässlich. Ich legte mich hin und schlief ein. Einige Stunden später wachte ich durch Kinderlärm wieder auf. Mein ganzer Körper tat mit weh und mein Gesicht war geschwollen. Durch die Schläge. Als ich raus ging, um nachzuschauen, was los war, sah ich nur viele Spielsachen auf dem Boden liegen.
Anke kam zu mir hoch und sagte: „Ein Mann hat sich in der Beratungsstelle informiert, ob eine Filomena bei uns wohnt. Aber keine Angst. Wir dürfen keine Informationen weitergeben, da wir sonst die Frauen in Gefahr bringen würden."
Ich bekam einen Schock und dachte: „Jetzt hat er mich gefunden. Und was soll ich jetzt machen, verdammt?"
Ich schaute Anke an und sagte: „Jetzt passiert was. Jetzt muss ich hier weg."
Anke sagte: „Nein noch nicht. Wir müssen schauen wie sich das entwickelt. Danach können wir immer noch eine Entscheidung treffen, ob Sie hier

bleiben oder, ob Sie in ein anderes Frauenhaus gebracht werden. Vielleicht brauchen Sie auch Personenschutz. Aber da warten wir erstmal noch ab. Okay, meine Liebe? Solange Sie sich im Frauenhaus aufhalten, wird Ihnen nichts passieren."

Ich dachte mir: „Toll. Jetzt darf ich auch das Frauenhaus nicht mehr verlassen, weil ich in Gefahr war. Na super!"

Da ich nichts mehr sagen konnte, nickte ich Anke zu. Was sollte ich jetzt bloß machen? Ich musste mich bewegen. Ich wollte die Scheidung, aber ich konnte mich nur scheiden lassen, wenn ich auch einen Anwalte hatte. Es musste also eine Lösung her.

Ich telefonierte etwas herum und am Ende stieß ich auf einen Anwalt. Der Anwalt war zwar nicht aus Fulda aber das machte mir nichts aus. Ich rief den Anwalt an und schilderte ihm mein Problem. Gott sei Dank gab es eine Lösung. Wir konnten alles telefonisch besprechen. Die Unterlagen bekam ich ins Frauenhaus geschickt. Zum Gerichtstermin musste ich auch nicht, da ich in Gefahr war. Einige Monate später war die Scheidung durch. Mich machte das sehr glücklich. Bei der Meldestelle hatte ich eine Auskunftssperre machen lassen, damit mich mein Exmann nicht finden konnte.

Einen Monat nach der Scheidung bekam ich die Zusage für eine Wohnung. So konnte ich nach sehr langer Zeit wieder in meine eigenen vier Wände ziehen. Ich bekam auch einen Job als Zimmermädchen. Endlich war ich auf mich alleine gestellt, ohne Hilfe von irgend jemanden. Ich fand auch schön dass, immer wenn ich Probleme hatte, ich ins Frauenhaus gehen konnte, um mich beraten zu lassen. Ein Jahr später ging ich einfach mal so zum Frauenhaus, um vorbeizuschauen und die Betreuer zu besuchen. Es war ein sehr schöner Tag. Die Sonne schien sehr stark, obwohl es ziemlich kalt war. Als ich an dem Tag ins Frauenhaus kam, traf ich eine junge Mutter. Was wenige Tage später passierte, war der Horror. Die junge Frau und ich wurden in kurzer Zeit sehr gut Freundinnen, bis zu dem Tag, an dem Sie von ihrem Exmann umgebracht wurde. Nachdem ich meine Freundin verloren hatte, musst ich zusehen, dass ich aus Fulda so schnell wie möglich abhaute. Zwei Wochen später war ich weg. Zum Glück hatte ich einen

Nachmieter gefunden, der meine Wohnung so nahm wie sie war. Mein Chef, da wo ich arbeitete, verstand mich und kündigte mir.
Ich zog nach Frankfurt zu meiner Familie. Ich blieb aber nicht lange. In der Zeit, in der ich bei meinen Eltern wohnte, ging ich fast jeden Tag raus. Ich wollte alles vergessen.
Eines Tages, es war Frühling, machte ich mich auf den Weg zum Einkaufszentrum in die Zeil-Galerie. Jetzt ist es abgerissen, da sich ein Spinner vom Dach geschmissen hatte. Ich wollte einkaufen gehen und lernte einen jungen Mann kennen, der angeblich Student war. Er lebte nicht in Frankfurt, sondern in einer kleinen Stadt namens Rüsselsheim.
Genau diesen Mann heiratete ich einige Monate später. Es war ein großer Fehler, denn alles begann wieder von vorne. Ich wurde wieder geschlagen und misshandelt. Ich hielt seine Lügen nicht mehr aus und seine Kiffereien. Ich packte meine Sachen zusammen und zog mit einer Freundin von mir nach Waldhof. Leider konnte ich nicht lange bleiben, denn er holte mich zurück. Ohne ein Wort zu sagen, fing alles wieder an. Als mein Mann eine Studentenreise antrat, hatte ich die Möglichkeit abzuhauen. Durch einen Freund aus Dortmund erfuhr ich vom Frauenhaus. Für das, was dann geschah, wollte ich mich selber Ohrfeigen.
Ich haute von Rüsselsheim nach Dortmund ab. Da Dortmund eine sehr große Stadt ist, fand ich mich zuerst nicht zu recht. Ich ging nach Dortmund wegen Hamuda. Als ich in Dortmund mit dem Zug am Bahnhof ankam, wartete Hamuda bereits auf mich. Ich sah ihn schon von weitem kommen. Hamuda nahm mich kurz in den Arm und dann fuhren wir zu ihm nach Hause. Dort angekommen, sah ich, dass er nur ein Zimmer hatte. „Na toll", dachte ich. „Und wo soll ich jetzt schlafen?"
Leiser mussten wir beide in einem Bett schlafen. Jeder auf seiner Seite. Das verstand sich von selbst.
Einige Tage später sprach ich mit Hamuda und erklärte ihm, dass es so nicht weitergehen konnte. Ich musste mir Hilfe holen. Hamuda brachte mich zum Sozialamt. Ich erklärte einer Mitarbeiterin mein Problem. Diese riet mir wieder ins Frauenhaus zu gehen. Ich musste wieder um mein Leben bangen, denn mein Mann war bereit, mir etwas anzutun. Genau wie nach der

Abtreibung damals. Ich fasste mir an den Kopf und sagte: „Na toll. Jetzt kann ich schon wieder von vorne anfangen. Wieder ins Frauenhaus, wieder eine neue Wohnung und wieder einen neuen Job suchen." Mir machte es zu schaffen, mein ganzes Leben auf der Flucht zu sein.

Ich hätte mich ohrfeigen können. Verdammt noch mal. Was mache ich denn falsch im Leben, dass ich immer auf der Flucht sein muss? Immer landete ich im Frauenhaus. Aber da es keine andere Lösung gab, nahm ich das Angebot an. Kurz darauf bekam ich einen Anruf von der Chefin vom Frauenhaus. Wir verabredeten, wo wir uns treffen wollten. Sie erklärte mir auch wie ich zu dem Treffpunkt kommen konnte. Dortmund ist eine sehr große Stadt. Der Treffpunkt war sehr schwer zu finden. Die ganzen Bahnen. Aussteigen wieder einsteigen. Die Busse. Die Kurven, die ich laufen musste. Es dauerte vierzig Minuten bis ich endlich da war.

Ich dachte die Chefin wäre da, aber am Treffpunkt standen stattdessen zwei Frauen. Sie kamen sofort auf mich zu und fragten mich: „Bist Du Frau De Luca?" Ich fand das sehr unhöflich, mich einfach so zu duzen. Ich sagte sehr entspannt: „Ja, die bin ich!" Ohne ein weiteres Wort, nahmen sie mich mit ins Frauenhaus. Der Weg dorthin war noch schwieriger zu laufen. Mir diese Kurven und Strassen und Ecken zu merken, war der Horror für mich. Nach ca. zwanzig Minuten Fußweg kamen wir an einem großen Tor an. Ich dachte: „Wo sind wir denn jetzt?" Es sah aus wie ein großes verlassenes Kloster. Die vielen Fenster am Haus. Drumherum war alles zugemauert. Bevor wir reinkommen durften, identifizierte uns eine Kamera von Kopf bis Fuß.

Das Ganze wurde mir langsam unangenehm. Ich fühlte mich wie eine Übeltäterin. Später erfuhr ich von den Frauen, dass es ganz normal ist so. Man muss wissen, wer tagsüber und nachts klingelt. Man durfte keine Leute rein lassen, die man nicht kannte. Als das Tor aufging und wir rein gingen, standen wir auf einem großen Parkplatz. Wir gingen ein paar Meter, damit wir ins Haus kamen. Wir kamen wieder Mal in eine große Halle. Die Chefin stellte sich kurz und knapp mit dem Namen Marie vor. Ich sah mich um. So eine schöne große Treppe sah ich bisher nur in Filmen. „Diese schönen Lampen", dachte ich mir. „Das ist kein Kloster, sondern ein Schloss."

Als Marie mich mit in den ersten Stock nahm, kamen wir auf eine große Glastür zu. Ich fragte Marie, ob das nicht zu gefährlich wäre für die Kinder. Marie erwiderte knapp. „Nein. Wir haben im Haus nur Panzerglasscheiben. Auch die Türen sind aus Panzerglas."
Ich konnte nichts mehr sagen. Ich war baff. Beim Büro angekommen, drückte mir Marie einen Zettel in die Hand, den ich ausfüllen musste. Marie sagte: „Setzen Sie sich bitte auf den Stuhl, Frau De Luca. Sie werden in Kürze von meiner Kollegin aufgerufen."
Ich nickte, setzte mich auf den Stuhl, las die Fragen und füllte den Zettel aus. Auf dem Flur, wo ich mich befand, waren auf beiden Seiten fünf Zimmer. Das war eine Menge, fand ich. Aber das war erst der Anfang. Das ganze Frauenhaus war ein Traum. Diese schönen Treppen. Na ja. Nachdem die Betreuerin sich meine Antworten durchgelesen hatte, fragte sie mich, was passiert war. Es viel mir schwer darüber zu reden. Die Betreuerin merkte das und sagte: „Frau de Luca, lassen Sie sich Zeit. Nehmen Sie sich so viel Zeit wie Sie brauchen."
Ich fing an, langsam zu erzählen. Nachdem ich fertig war, hörte ich nur ein „Puuuh" von der Betreuerin. Sie sagte: „Das ist sehr viel, was Ihnen passiert ist. Auf jeden Fall bekommen Sie ein Zimmer hier von uns. Sie müssen hier bleiben."
Als wir in den zweiten Stock kamen, sah ich wieder einen Flur. Auf der linken Seite waren fünf Zimmer und auf der rechten Seite auch.
Ich fragte: „Wie viel Zimmer haben Sie?"
Die Betreuerin antwortete: „Wir haben vierzig Zimmer und ein Büro. Das Haus ist sehr groß, aber man verläuft sich nicht. Keine Angst!"
Viele Frauen, die ich in der Zeit meines Aufenthalts im Frauenhaus kennenlernte, wurden verprügelt und misshandelt. Das Schlimmste war, dass viele Frauen sehr darunter litten und mit ihrem Leben nicht mehr klar kamen. Einige dachten an Selbstmord, andere wiederum gingen zurück zu ihren Männern. Die Frauen hatten Angst. Am schlimmsten war es für die Kinder. Manche waren noch zu klein, um alles richtig verstehen zu können. Es gab zwar eine Gruppe im Frauenhaus, in der sich die Kinder beschäftigen konnten, jedoch brachte dies meiner Meinung nach nicht fiel. Viele Kinder

hatten Heimweh und wollten nach Hause. Dahin, wo ihr Bett war und ihre Spielsachen. Aber da die Väter gewalttätig waren, mussten sie abhauen. Sie verließen ihr zu Hause und gingen in eine fremde Stadt, in der es schwer war für sie zu leben.
Viele Frauen kamen kaum aus ihren Zimmern. Sie hatten zu viel Angst. Angst ist zwar was Gutes, jedoch muss man nicht vor Allem Angst haben. In dem Frauenhaus gab es keine Therapeuten, aber Fachleute, an die man sich wenden konnte. Ob am Tag oder in der Nacht, spielte keine Rolle. Es war immer jemand da. Ich war in verschiedenen Frauenhäusern und alle waren gleich. Jedem wurde immer geholfen.
Mein letzter Aufenthalt in einem Frauenhaus war in Hildesheim.

Ich möchte Euch gerne die Angst nehmen ins Frauenhaus zu gehen. Ich möchte Euch die Angst nehmen, Euch Hilfe zu holen. Man kann nicht immer alles alleine schaffen im Leben. Das hab ich gemerkt. Ich wollte immer alles alleine schaffen. Bis ich mir am Ende Hilfe von Fachleuten nehmen musste. Hilfe anzunehmen ist nichts schlimmes. Es ist etwas Positives. Trennt Euch von Euren gewalttätigen Ehemännern, bevor es zu spät ist.
Ich habe es geschafft, mir Hilfe zu holen. Ich bin mir sicher, Ihr werdet es auch schaffen. Manche Frauen lassen sich lieber jahrelang schlagen, anstatt sich Hilfe zu holen. Die Angst vor der Trennung ist größer als die vor den Schlägen. Ich habe gelernt, dass es für jedes Problem eine Lösung gibt. Gewalt ist niemals eine Lösung. Weder für den Mann, noch für die Frau.
Vor einigen Jahren hatte ich eine junge Frau im Frauenhaus kennengelernt. Einige Wochen später wurde sie eine gute Freundin. Sie war eine Seelenverwandte von mir. Als ich sie das erste Mal traf, hatte sie eine gebrochene Wirbelsäule. Der Mann meiner Freundin stieß sie stark die Treppe hinunter. Sie lief wie ein ferngesteuerter Roboter und konnte ohne Hilfe nichts mehr machen.
Und wisst Ihr was am Ende geschah?
Meine Freundin ging zurück zu ihrem Mann, ohne jemandem etwas zu sagen. Ich war die Letzte, die sie lebend gesehen hatte. Ihr Mann hatte sie

aus dem Leben gerissen. Er hatte sie umgebracht. Mir wurde meine beste Freundin genommen. Ich werde sie niemals wieder sehen.
Das Ganze brach mir das Herz und ich bekam Depressionen. Ich verlor meinen Job.
Und wieso?- Weil ein Mensch, der dringend Hilfe brauchte, sich keine Hilfe geholt hatte. Darum musste sie sterben.
Ich bitte alle Frauen, die häusliche Gewalt erleben, sich Hilfe zu holen. Häusliche Gewalt ist sehr gefährlich und kann das Leben kosten. Ihr könnt es auch ohne Eure Männer schaffen. Holt Euch Fachleute. Glaubt mir. Nur so habe ich es geschafft.
Durch das Frauenhaus habe ich gelernt, mir Hilfe zu holen. Es ging damals nicht mehr weiter und ich musste es tun. Ich hätte es ohne diese Hilfe niemals geschafft.
Mit diesem Buch möchte ich den Frauen Mut machen und die Angst nehmen. Kämpft gegen die Angst an. Nur so könnt ihr es schaffen.
Damals wollte ich auch immer alles alleine machen. Aber es gibt Dinge, die man nicht alleine machen kann. Man braucht Fachleute dazu. Das Frauenhaus hilft Euch sehr viel darüber nachzudenken. Nehmt Euch Zeit dafür. Das Frauenhaus trainiert mit Euch auch mit der Angst umzugehen. Im Frauenhaus ist man nie alleine. Selbst nachts gibt es Bereitschaftsdienst. Auch mit den Mitbewohnern kann man sich besprechen. Man hilft sich gegenseitig und dadurch wurde das Frauenhaus eine Ersatzfamilie für mich.
Ich fühlte mich im Frauenhaus sehr aufgenommen und geborgen. Erst dort wurde ich zu einer starken Frau. Ich habe gelernt, mich alleine und in Ruhe mit Menschen zu unterhalten.

Schlusswort

Ob Frau oder Mann, jeder ist ein Mensch. Jeder Mensch hat das Recht zu leben, wie er möchte und wo er möchte. Es ist egal, ob man Christ, Muslim oder Buddhist ist. Jeder Mensch muss seine Entscheidungen alleine treffen. So schwer wie es sich auch anhören mag. Ich hoffe, ich konnte Euch etwas die Angst nehmen. Bitte holt Euch Hilfe. Denn nur durch Hilfe könnt Ihr Eure Angst überwinden. Ich habe es geschafft und ich bin mir sicher, Ihr schafft es auch.

Eure Filomena De Luca

lebenlangdrama@hotmail.com

Wichtig

Im Frauenhaus bekommt Ihr Hilfe bei
- häuslicher Gewalt
- sexualisierter Gewalt
- Schutzambulanz
- Psychosziale Hilfe

Euch erwartet
- ein eigenverantwortliches Leben, in dem Ihr Euch und Eure Kinder eigenständig versorgt.
- es wird Euch immer eine Mitarbeiterin zur Verfügung stehen. Sie wird Eure Ansprechpartnerin während des gesamten Aufenthalts.
- mit der Ansprechpartnerin könnt Ihr über Gewalt sprechen und sie wird Euch helfen ein neues Leben aufzubauen.
- die Ansprechpartnerin wird Euch bei Finanzenfragen helfen und bei Behördengängen, bei der Wohnungssuche und beim Umzug.
- Die Ansprechpartnerin wird Euch helfen einen Therapieplatz zu finden.

In jeder Stadt in Deutschland gibt es ein Frauenhaus.
Allgemein zuständig für solche Angelegenheiten ist das

Bundesamt für Familie und zivilgesellschaftliche Aufgaben

Hotline: 08000116016
www.hilfetelefon.de

Filomena Amri